AF555179

EXPOSITION

DES

BEAUX-ARTS

APPLIQUÉS A L'INDUSTRIE

GUIDE DU VISITEUR

AU

MUSÉE ORIENTAL

Au siége de L'UNION CENTRALE

15, PLACE ROYALE, 15

PARIS — 1869

Barre, 20, rue de la Chaussée-d'Antin.
Bauer, 23, rue d'Antin.
Bellenot, 35, boulevard des Capucines.
Beurdeley, 34, rue Louis-le-Grand.
Bouilliette, 36, rue Vivienne.
Cornu, 29, rue Popincourt.
Corplet, 32, rue Charlot.
Dalsème (Lionet), 25, rue Saint-Marc.
Dadsème (Maurice), 9, rue Chauchat.
Delange, 5, quai Voltaire.
Désoye, 220, rue de Rivoli.
Evans, 3, quai Voltaire.
Faisant, 46, rue du Cardinal-Fesch.
Mme Fleuriot, 16, place de la Madeleine.
Laurens, 61, rue de Rennes.
Malinet, 25, quai Voltaire.
Marcellin, 14, rue Grange-Batelière.
Normand et Chaudon, 82, rue de Richelieu.
Rouveyre, 7, quai Voltaire.
Stettiner, 27, rue de Choiseul.
Verdé-Delisle, 80, rue de Richelieu.

EXPOSITION

DES

BEAUX-ARTS

APPLIQUÉS A L'INDUSTRIE

GUIDE DU VISITEUR

AU

MUSÉE ORIENTAL

Au siége de l'UNION CENTRALE

15, PLACE ROYALE, 15

PARIS — 1869

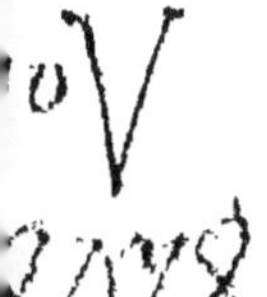

GUIDE DU VISITEUR

Le guide qui suit n'a pas d'autre objet que de conduire le visiteur parmi les salles, depuis la porte d'entrée du Musée oriental jusqu'à sa sortie par la salle des gravures de M. Dutuit, en lui signalant les objets les plus remarquables qu'il trouvera dans chacune des salles.

Chaque salle est décrite en se dirigeant vers la gauche après en avoir franchi le seuil : d'abord en suivant les murs, puis en pénétrant dans l'intérieur.

Le Musée oriental occupe sept salles et un grand salon. Trois sont consacrées à l'art Chinois et Japonais, une à l'art Indien, une cinquième à l'art Persan, de l'Asie-Mineure et de l'Archipel grec qui dénotent une influence autre que celle que l'on est convenu d'appeler classique.

En montant l'escalier qui conduit au Musée, on peut remarquer deux objets d'une grande rareté : le premier est une fontaine à thé, en bronze ; le second est un très-grand brûle-parfum en émail *cloisonné*. Ces deux pièces appartiennent à M. l'amiral Coupvent des Boys.

La porte d'entrée est en faïence, *imitation de faïence* persane, de la fabrique de M. Collinot.

ART CHINOIS ET JAPONAIS

SALLE *A*

Sur la table centrale, quatre vases de plus d'un mètre de haut, en porcelaine de Chine, deux à décor d'oiseau, brun et or, l'autre à décor polycrôme, appartenant à M. le duc de Fernandina.

Une pendule et une pagode en émail cloisonné, à M. Dugléré ; puis deux éléphants du même travail et garnis de pierres dures. Ces deux dernières pièces appartiennent à M. le baron A. de Rothschild.

La vitrine plate adossée au mur, à gauche en entrant, n° 1, renferme une collection d'objets du Japon, appartenant à M. F. Villot, secrétaire général des musées impériaux. Avec quelques bronzes d'une extrême finesse, dont un est laqué d'or par un procédé encore inconnu en Europe, on remarque le matériel très-rudimentaire d'une Imprimerie japonaise.

Des planches brutes, les outils pour les tailler, des planches avec de l'écriture ou des dessins, de l'encre d'imprimerie en rouleau, une brosse et un tampon en filaments d'arbre; il n'en faut pas plus pour fabriquer les admirables albums que les Japonais impriment sur des papiers dont ils possèdent encore seuls le secret.

Des boîtes de bois laqué par parties et un éventail de commandement, à monture de fer; deux rouleaux représentant, l'un, les lacs, l'autre, les montagnes du Japon, complètent cette vitrine au-dessus de laquelle sont accrochées des gravures sur bois coloriées figurant deux scènes de mœurs japonaises, des lutteurs, et une représentation théâtrale, puis de grandes figures de femmes peintes sur mousseline de soie, le tout appartenant à M. F. Villot.

L'armoire n° 2 renferme une partie des objets rapportés du Japon par M. le contre-amiral Jaurès.

Trois meubles de laque y portent une foule d'objets.

Premier meuble : des animaux en faïence émaillée, un coq et une poule en porcelaine blanche d'une merveilleuse exécution. L'éventail, à monture de fer, représentant un soleil levant, que le daïmios de Simonosaki envoya à l'amiral Jaurès pour lui demander une trêve après que celui-ci eut forcé les passes de la mer intérieure du Japon.

Second meuble : Un rocher en vieille faïence, un canard en porcelaine blanche.

Troisième meuble : Une collection de figurines d'ivoire sculpté, qui servent de boutons au Japon. Par deux trous percés derrière la face principale, passent les cordons de soie auxquels sont suspendus la boîte à tabac ou à pharmacie que les Japonais portent à leur ceinture.

Au-dessus, une corbeille à jour, en faïence émaillée, qui présente la plus grande analogie avec celle de Bernard Palissy. Dans le fond un paravent peint d'oiseaux au fond ombré d'or.

Sur le mur en retour, dans la vitrine n° 3, des gravures japonaises coloriées, appartenant à M. Sauvageot, graveur ; et contre la paroi, un magnifique tapis de prière persan, brodé, à M. Léonce Mahou.

La vitrine, n° 4, après la porte, renferme une importante collection de tasses de porcelaine de Chine et du Japon, appartenant à Mme Fleuriot, et quelques plaques de laque noir *burgauté*, c'est-à-dire incrusté de nacre de divers tons.

Sur le mur, en face de la porte d'entrée, à gauche,

est accrochée une collection de plats et d'assiettes de la Chine et du Japon appartenant encore à Madame Fleuriot. A droite, une collection de porcelaine de la Chine, du Japon et de l'Inde, portant des armoiries européennes, exécutées aux XVIIe et XVIIIe siècles; appartenant à M. le capitaine de vaisseau Jaurès.

On y remarque un plat aux armes de Louis XIV, et une assiette portant dans son écu, l'écureuil symbolique que le surintendant Fouquet avait adopté avec la devise *quo non ascendam*. Une influence occidentale bien fugitive se remarque sur quelques-unes de ces pièces, en outre des armoiries qui étaient exécutées sur commande.

Sur les tablettes sont distribués des bronzes et des émaux parmi lesquels on distinguera à gauche, de vieux vases de bronze incrusté d'argent, appartenant à M. Mentzer, à M. le comte de Malherbe et à M. Ernest André, possesseur, en outre, des deux grands vases d'émail cloisonné placés isolément au milieu de la salle. A droite, il faut s'arrêter devant un brûle-parfums lobé, à fonds variés d'émail cloisonné, exposé par M. le baron Alph. de Rothschild; le *Dieu de la Guerre*, bronze, à M. le comte de Butenval; deux magnifiques écrans, à fond d'or gravé, portant en émail rehaussé de cloisons éparses, des paysages représentant les saisons, à M. Dugléré.

Sur le mur en retour, la vitrine, n° 5, contient d'abord une collection de chaussures chinoises et japonaises de soie ou de nattes, appartenant à M. Jules Jacquemart. On y remarque quelques souliers de femme dont les dimensions exigues sont expliquées par la mutilation que l'on fait subir à leurs pieds. A côté est une collection de petites pièces de Chine choisies comme spécimens de fabrication, par M. Riocreux, conservateur du musée de Sèvres.

L'armoire et la vitrine, n° 6, de l'autre côté de la porte, renferment des robes japonaises de soie ou de crêpe brochés, et des gravures japonaises à M. Sauvageot. Ces gravures, formées le plus souvent de trois planches assemblées, représentent des scènes de piraterie, des femmes à leur toilette ou réunies sur des terrasses dressées sur les eaux.

L'armoire sur la paroi, à droite en entrant, n° 7, est remplie par M. l'amiral Jaurès.

Deux meubles, l'un en laque garni de porcelaine, l'autre en laque rouge du Japon, et une table de laque noir *burgauté*, portant de nombreuses pièces de faïence de *Satzuma*, une vasque de bronze laqué noir avec réserves d'argent, et quelques bronzes parmi lesquels deux grues de dimensions naturelles. Deux robes de femme, l'une en mousseline verte, l'autre en crêpe noir, où les réserves, la teinture et la broderie sont combinées pour former des fleurs et des oiseaux.

Deux tables (nos 8 et 9) placées en avant des deux armoires de M. l'amiral Jaurès, renferment une nombreuse collection de boîtes de laque lui appartenant. On y remarque des laques noirs de Nankin, ornés de quelques dessins en creux très-larges ; les laques rouges du Japon, ornés de fleurs d'une exécution très-sommaire ; surtout des laques dorés, les uns imitant le cuir, les autres le bronze, décorés de sujets en relief d'or ou d'argent, quelques-uns en forme d'animaux, coq ou tortue.

Une petite boîte de pharmacie attachée à un morceau de crêpe rouge, a été envoyée à l'amiral par le daïmios de Simonosaki dans les mêmes circonstances que l'éventail de l'armoire n° 2.

La table adossée au mur, contre la porte d'entrée (n° 10), contient des papiers peints, des éventails et des gravures japonaises, représentant des carricatures d'Européens, appartenant à M. Ernest Chesneau, inspecteur des Beaux-Arts.

Les deux tables correspondantes, nos 11 et 12, renferment : l'une une ravissante collection d'une variété infinie de statuettes et de boutons d'ivoire sculpté, et neuf sujets en personnages, en fruits, etc. ; l'autre une variété considérable de fioles de matières précieuses, de verres à deux couches, etc., servant de tabatières. Ces deux collections appartiennent à M. Bigot.

La table vitrine, à gauche, n° 13, renferme une collection de porcelaines, de *jades*, d'*ivoires* sculptés et d'*émaux cloisonnés*, appartenant à M. Evans. Un vase de laque chamois de *Nankin*, s'y remarque.

La table-vitrine correspondante, de l'autre côté, n° 14, renferme des émaux *cloisonnés* d'une grande finesse, appartenant à M. Ed. André, à M. Baur; et une garniture en *émaux cloisonnés sur repoussé*, à M. Barre. Ces dernières pièces se distinguent des précédentes en ce que la cloison, où l'émail a été déposé, parfondu, puis poli, au lieu d'avoir été formée par un fil de cuivre soudé sur le fond, ont été obtenues en repoussant la feuille de cuivre, dont chacune des différentes pièces de cette garniture est formée.

Une collection de bâtons d'encre de Chine, deux assiettes de laque de Nankin, une boîte en bois de fer, à monture d'or, dite *boîte d'abstinence*, provenant du palais d'été, des statuettes de pierre de Lard ont été exposées par M. Bigot.

SALLE *B*.

Cette salle, à gauche de celle d'entrée, est réservée à la collection de porcelaine de Chine de M. Malinet, remarquable par la variété des produits, le choix des formes et la qualité du décor, qui imite souvent les produits naturels, comme les pierres précieuses, l'ivoire, la coquille d'œuf, etc.; ainsi qu'aux collections de M. E. Dutuit et de M. le général de Vassoigne.

Sur la table, n° 15, adossée au mur sont placées des assiettes et des plats à sujets.

Dans l'armoire, n° 16, appartenant à M. Malinet, nous signalerons :

1re travée : une coupe couverte à décor bleu avec personnages et chimères de *biscuit en ronde-bosse ;* une coupe émaillée fond jaune à dragons verts de la période *Tching-te* (1506-1521).

2e travée : une tasse blanche à jour avec caractères honorifiques; deux grands vases à panse cylindrique de la *famille verte;* une potiche à branchages verts sur fond jaune; un vase ovoïde à col étroit, de couleur turquoise *truitée*, décoré de noir; un bol violet.

3e travée : un vase de laque noir *burgauté;* un grand vase blanc gravé des flots de la mer avec dragon émaillé sur la couverte.

4e travée : coupe couverte de Siam ; grande amphore blanche à émail dit *peau d'orange* ; une grande bouteille blanche avec dragon en *bleu pressé*, c'est-à-dire couvert par une couche mince de pâte blanche.

Sur la tablette qui suit sont exposés des bronzes

et des émaux cloisonnés très-importants appartenant à M. Beurdeley et à M. Dugléré.

L'armoire, n° 17, placée contre le mur du fond appartient, pour trois travées, à M. Malinet.

1re travée : une petite bouteille en vert *camellia truité;* un vase à panse cylindrique, gravé, décor dit *œuf d'autruche.*

2e travée : théière *truitée* et *laquée* dans le haut, à côté une toute petite bouteille à panse très-déprimée de la période *Siouen-te* (1426-1435); une coupe carrée *céladon* imitant le jade.

3e travée appartenant à M. le général de Vassoigne: instrument à compter, décoré de pierres précieuses (1); collection de *jades*, de verres à deux couches taillés et de laques rouges de la Chine d'un travail beaucoup plus fin et minutieux que les laques rouges du Japon.

L'armoire adossée au mur de l'ouest, n° 18, exclusivement réservée à la collection de M. E. Dutuit, renferme entre autres pièces remarquables :

1re travée : un bol avec son assiette émaillé de *jaune impérial* gravé, portant la date de *Kien-long* (1736 à 1795).

(1) Le chiffrage décimal n'est pas plus usité en Orient qu'il ne l'était en Europe au moyen-âge, où l'on comptait avec des jetons — *jectouers* — sur des tables disposées en échiquier, d'où est venu aux cours des comptes ce nom encore usité en Angleterre.

2e travée : deux vases cylindriques à fond rouge et vert par zônes; un récipient de *narghilé* en porcelaine de Perse à couverte feuille-morte avec réserves en forme de palmes; un brûle-parfums de bronze laque d'une qualité supérieure; un fruit en *sardoine* avec réserves de plusieurs couleurs; un compotier décoré d'un oiseau et d'une saperde sur une branche de sorgho, en porcelaine *coquille d'œuf* de la Chine de la période *Houng-tchi* (1488 à 1505).

3e travée : une garniture de cinq pièces à double paroi de section hexagone avec reliefs, du XVIe siècle. Parmi une importante collection d'assiettes à décor de personnages ou d'oiseaux émaillés en relief, un compotier japonais représentant une femme assise à côté d'un enfant à terre, pièce renfermant une variété infinie de tons et qui est un chef-d'œuvre de fabrication.

4e travée : deux gourdes à sujets historiques représentant un dragon porté devant un empereur tenant le vase aux sacrifices; une collection de laques; une grande théière de *boccaro* à double paroi.

La table, n° 19, adossée au mur en retour renferme un certain nombre d'albums chinois peints, de figures d'assez grandes dimensions d'une extrême finesse d'exécution, appartenant à M. le général de Vassoigne.

La table-vitrine centrale, n° 20, exclusivement réservée à M. Malinet, renferme une nombreuse et remarquable collection de tasses et d'assiettes fines de la Chine et du Japon à décor de personnages et d'animaux. La *Léda*, d'après Guido Réni, *Dom Quichotte* et une *crucifixion* sont à noter.

Dans la vitrine, une bouteille à décor rouge de cuivre, dit *rouge haricot* à réserves bleues sur reliefs représentant des *nelumbo* sortant des eaux ; une petite bouteille à décor jaune verdâtre *truité*, dit *peau de serpent ;* une bouteille à quatre pans et à carène saillante, émaillée de blanc d'ivoire ; une urne *coquille d'œuf* représentant des mandarins gravissant une suite de montagnes pour y faire leurs offrandes ; décor remarquable par la finesse et par la vérité du paysage qui n'exclut point cependant le caractère décoratif de la pièce.

SALLE *C*.

A gauche en entrant, sur la tablette, un coffre japonais *laqué* et *burgauté*, appartenant à M. Carraby.

L'armoire qui suit (n° 21), est exclusivement consacrée à la collection de M. le duc de Martina, remarquable par la beauté des grandes pièces qu'elle renferme. Il faut noter :

1re Travée. — Un cylindre ou *Pi-Tong*, de porcelaine japonaise, émaillé de dragons chamois sur biscuit vert, — un plat de la *famille verte* représentant un empereur rendant la justice.

2e Travée. — Grande lancelle de porcelaine blanche à décor bleu, avec médaillons réservés à sujets émaillés sur biscuit, — une plaque de jade vert impérial, — une coupe plate représentant un enfant, de *Yego*, au Japon.

3e Travée. — Une lancelle à fond émaillé noir, décoré de branches de prunier en fleur, daté de *Tching-Hoa* (1465 à 1484). — Deux jades indiens : une petite tasse à couvercle et une potiche aplatie, — une petite bouteille jaune, décorée de passiflores, datée de *Van-li* (1573 à 1619).

4e Travée. — Une bouteille *truitée* vert foncé, — une grande potiche, à ventre renflé, de bronze japonais, dit *Tonkin*, décorée de médaillons avec reliefs d'or sur fond gravé rempli d'or, — une petite coupe de *sacrifice* avec les quatre dragons en relief, — un grand vase à eau avec passants, — un vase *bursaire*, à anses de jade vert imitant le bronze, de la période de *Kien-long* (1736 à 1795), portant la mention *Fan-Kou*, c'est-à-dire : semblable à l'antique. Dans la 1re travée, une aiguière de jade est également taillée sur le modèle des bronzes antiques, dont on trouve un remarquable spécimen dans la table-vitrine réservée à la collection de M. Taigny, vis-à-vis l'armoire de M. le duc de Martina. — Une boiserie provenant du Caire, garnit le mur en retour sur lequel sont appliqués deux tapis de Smyrne d'une qualité exceptionnelle, appartenant à M. L. Goupil, et deux rouleaux à M. Dugléré.

L'armoire en retour, sur le mur de l'Ouest (n° 22), est remplie par la collection de M. Gasnault, composée de pièces nombreuses et choisies parmi tous les genres de fabrication remarquable.

1re Travée. — Sur une petite étagère chinoise, une théière à couverte dite *peau d'orange*, un singe en *vieux flambé* rouge et des blancs de Chine d'une qualité exceptionnelle, — deux petites urnes de *soufflé rouge* sur émail bleu de la période *Yung-tching* (1723 à 1735), — une coupe blanche, gravée du même temps.

2e Travée. — Une grande urne dont le pendant se trouve dans la travée suivante, avec médaillons à reliefs sur fond bleu sous couverte, — une urne à quatre pans, *flambée violet et bleu*, — une petite bouteille *craquelée*, de couleur café, avec *réserves* en bleu, — une boule de bronze à jour, portant les figures en relief de cinq législateurs avec les signes des deux forces de la nature et les huit *Koua* de *Fou-hi*.

3e Travée. — Une urne *craquelée* de couleur gris-violacé, portant des chauves-souris en relief sur ce décor sombre, — deux tasses à pied percées *d'à jours* remplis par la couverte transparente, — une urne bleue turquoise à quatre pans.

4e Travée. — Un vase cylindrique noir, décoré d'inscriptions d'or, — une petite urne à quatre pans, imitant *l'émail cloisonné*, — un gobelet d'argent gravé de dragons émaillés de bleu transparent, pièce de la plus grande rareté.

De chaque côté de cette armoire sont placées deux petites vitrines (nos 23 et 24) où sont exposées des tasses de porcelaine de Chine et du Japon, d'une excessive finesse d'exécution, appartenant à M. Gasnault.

Dans l'armoire centrale, contre le mur (no 25), sont enfermés des costumes chinois d'une grande richesse d'étoffes et de broderies, appartenant à l'*Union centrale* des Beaux-Arts appliqués à l'Industrie. Les blancs de l'une d'elle sont en perles fines.

Madame Fleuriot a rempli l'armoire qui suit (no 26). On y remarque :

1re Travée. — Une petite urne cylindrique émaillée de bleu sur fond gravé, — une potiche de la *famille verte*, représentant un guerrier soulevant un *ting* à bras tendu en présence d'un empereur et d'une assemblée.

2e et 3e Travées. — Garniture de la *famille verte* formée de sept pièces qu'il est très-rare de trouver réunies. —Deux vases en forme de *fleurs de Nelumbo* renfermant leur fruit.

4e Travée. — Un grand bol japonais à décor dit *chair de poule* avec médaillons *réservés* peints de paysages en *camayeu bleu*. Une potiche dont le sujet bizarre n'est point sans analogie avec l'aventure d'Ulysse dont les compagnons sont changés en pourceaux. On y voit une fée dans les airs, et des hommes à tête d'animal à côté de femmes. — Un grand bol décoré de poissons rouges à l'intérieur, et à l'extérieur de bordures variées à dessins géométriques encadrent des paysages. — Un bol à pans dont les sujets sont expliqués par des légendes, datées de *Kang-Hy* (1662 à 1722).

Une remarquable collection de bronzes chinois, appartenant à M. Duglèré, parmi lesquels on signalera un grand vase antique à quatre pans et un brûle-parfums à quatre lobes, dans la décoration duquel figurent les signes bonheur et longévité, et qui porte la date de *Siouen-te* (1426 à 1435).

Sur le mur en retour, après avoir dépassé la porte qui mène à la salle *persane*, une armoire, n° 27, renferme la collection de M. La Faulotte, formée d'une grande variété de pièces.

On y remarque des *bleus-turquoise* d'une fort belle qualité, une urne à fond vert décorée en noir, deux vases *prismatiques* rectangulaires, décorés l'un de branches de pêcher en relief, l'autre de petits hommes, également en relief, grimpant le long d'un treillage à la poursuite de papillons ; une potiche à six pans et à double fond.

Sur la cymaise on peut remarquer un vase quadrangulaire, décoré en émaux de la famille verte, sur fond noir, et portant la date de *Tching-hoa* (1465 à 1467), appartenant à M. le comte de Montbel.

Armoire (n° 28) sur le mur en retour, contre la salle d'entrée.

1re Travée. — Une petite gourde d'*émail cloisonné* sur fond blanc, à M. de Senevas ; une coupe et sa sous-coupe jaspée de vert, jaune et violet (*hoang-lououan*), à Mme Rouveyre ; une petite coupe de bronze à macules d'or à Mme de Beuzelin ; deux grandes urnes à quatre pans en *émail cloisonné*, à M. du Boys ; des animaux fantastiques taillés dans l'ambre, à M. le comte de Butenval.

2e Travée. — Une potiche à quatre lobes, aplatie, décorée de feuilles blanches sur fond blanc laiteux *chatironnées* par un trait laissant apercevoir la couleur rouge du *biscuit sous-jacent*, à Mme Furtado ; deux petites bouteilles de *faïence de Satzuma* décorées d'oiseaux, à M. A. Hirsch ; une théière en forme de *pêche de longévité*, en vieux violet, à M. de Butenval ; un sceptre d'*émail cloisonné* portant les caractères de la *longévité* et du *bonheur*, à M. Bellenot.

3e Travée. — Une urne à quatre pans rabattus en émail peint sur fond jaune, servant d'enveloppe à un second vase mobile ; une bouteille *truitée* à couverte *vitreuse* verte, à M. Mentzer ; une gourde *truitée turquoise*, à Mme Furtado ; un brûle-parfums en bronze laque, à M. Mentzer ; plusieurs vases imitant des arbustes en *pierre de lard*, à M. Valpinçon; un plat de la *famille verte*, décoré d'une série de médaillons concentriques lozangés, à M. de Planard.

4e Travée. — Les grandes pièces qui la remplissent appartiennent à M Emile Galichon, et sont remarquables par la pureté des formes ainsi que par le goût du décor. On notera une lancelle blanche à décor bleu dans le goût persan; une urne de la *famille verte* à sujets; une bouteille à décor rouge de cuivre sous couverte; une urne à couverte bleu-turquoise gravée; une urne magnifique en *émail cloisonné*. Sur la tablette inférieure, un écrin renferme un service à thé de laque noir de la Chine à reliefs d'or, appartenant à M. Cornu.

Sur la tablette qui suit, un oratoire en bois garni d'*émail cloisonné* renfermant des divinités chinoises de bronze, à M. le capitaine de vaisseau B. Jaurès, et une grande bouteille piriforme, en émail cloisonné.

Table (n° 29), au sud-est, vis-à-vis de l'armoire de M. le duc de Martina. — Dans la vitrine, des bronzes appartenant à M. E. Taigny, remarquables la plupart à cause de leur antiquité ou de la beauté de la fonte; urne antique décorée de serpents plats en relief; théière incrustée d'or, dont l'anse est formée par un dragon dont le corps est à jour; urne à quatre pans incrustée d'argent et de *malachite*; *vase de sacrifices* en forme de pot à eau à large ouverture dont les ornements figurent une tête de dragon et des insectes ; une boîte carrée à jour dont les parois sont d'une ténuité excessive ; une petite bouteille semée d'or par un procédé encore inconnu en Europe ; deux petites urnes ornées de perles en relief combinées avec des rubis et des turquoises incrustées.

Table-vitrine du sud-ouest (n° 30) renfermant une collection de bronzes, de bijoux en fer repoussé, d'ivoires, de laques, de gravures et de cuirs gauffrés, le tout du Japon, appartenant à M. Ph. Burty. Les bronzes les plus remarquables sont, en outre d'une collection de serre-papier formée d'animaux, crabes, crapauds, dragons, etc., un petit vase à deux anses en cuivre *repoussé et ciselé* avec fleurs dorées en relief ; une grande urne antique à deux anses garnies d'anneaux ; une grande urne à quatre pans incrustée de méandres d'argent, portant une *inscription honorifique;* une bouteille carrée avec galeries à jour sur les arrêtes, décorée d'oiseaux et des Koua de *Fou-hi*.

Parmi les albums imprimés, soit en noir, soit en couleur, que M. Ph. Burty possède en grand nombre, plusieurs sont dus à *Oak-Sya*, célèbre artiste japonais.

Table-vitrine centrale (n° 31) contenant la collection de M. le capitaine de vaisseau B. Jaurès. — Potiche *coquille d'œuf* décorée de dragons bleus ; bouteille à deux petites anses, à reliefs, sous couverte d'émail bleu opaque de la période *Kien-long* (XVIIIe siècle) ; une urne de *cuivre repoussé* ornée de dragons dans les nuages, laquée et dorée : trois pièces provenant du *palais d'Été;* urne de porcelaine imitant un bronze antique de la période *Tching-hoa* (1465 à 1486) : un vase en forme de *ling-tchi, champignon de longévité, flambé violet pourpre.*

Table-vitrine, n° 32.

Dans la vitrine une collection de bronzes appartenant à M. Brion, peintre, parmi lesquels une urne à huit pans, ornée de branches de pêcher en relief et d'inscrutations d'argent, et deux *émaux cloisonnés* remarquables par leur qualité et présentant cette particularité très-rare d'être *datés*. L'un est une bouteille sur fond noir de la période *King-Tai* (1450 à 1456), l'autre également une bouteille sur fond bleu turquoise de la période *Kia-Tsing* (1522 à 1566). — Une veilleuse de bronze japonais incrusté d'argent à M. Carli. — Deux *porte-hyang* (allumettes odorantes pour les *sacrifices*) de *jade-ajouré*, avec leurs montures, à M. Delicourt. — Un bol décoré de flots gravés et de dragons verts de la période *Tching-te* (1506 à 1521) et un petit vase cylindrique bleu de ciel après la pluie, décoré d'un dragon gravé dans la pâte qui est blanche, à M. Albert Jacquemart. — Une fiasque à fond blanc décorée d'un dragon rouge et de nuages bleus sous couverte à M. A. Millet, de Sèvres.

La table environnante renferme la collection de petites pièces de Chine et du Japon, choisie par M. Albert Jacquemart, pour former l'histoire de tous les genres de fabrication et de décor. — A noter une assiette décorée d'une *grue éployée*, *armoirie* d'un prince du Japon. — Une coupe jaune de la période *Houng-Tchi* (1488 à 1505). — Une coupe carrée du Japon, datée de la 2e année de *Yang-Ing* (1653) — Une soucoupe décorée d'un coq émaillé en relief avec *inscription honorifique*. — Une tasse et la soucoupe à fond noir avec personnages européens, de la fabrique impériale du Japon.

Vitrine, nº 33.

Deux Tasses de porcelaine, couvertes d'*émail cloisonné*, spécimens excessivement rares, appartenant à M. Delaherche et à M. de Liesville ; deux Bols en *émail cloisonné*, à inscriptions *mantchoues*, à M. Délicourt ; une Bouteille d'*émail cloisonné* à fond noir, avec médaillon rapporté d'émail à fond bleu lapis, à M. Langevin, du Havre ; un Vase de bronze antique à quatre pans, avec son couvercle, décoré d'une tête de dragon et d'insectes en relief plat, incrusté d'or, d'argent et de turquoises, avec *inscription honorifique* à l'intérieur, appartenant à Mme la baronne Salomon de Rothschild.

Parmi les porcelaines : un grand Cornet à renflement médian, à décor bleu, rouge de cuivre et céladon sous couverte, et une Urne *allongée* blanche, avec deux *muffles de lions* en relief, appartenant au Musée céramique de Limoges ; une Coupe de *Yego*, à M. Delaherche; une Statuette de la déesse *Kouan-in*, de porcelaine blanche, à M. Michelin, possesseur d'une certaine quantité d'autres pièces de choix, et une quantité de Garnitures de *jade*, de *lapis lazuli*, formées de trois Vases réunis sur un même socle de bois sculpté, et de Vases de *cristal de roche*, appartenant à M. Délicourt.

Dans la table qui entoure la vitrine : une Assiette décorée du *Fong-hoang* ou phénix du Japon, un bol vert à dessins de pâtes vert pâle, rapportés sous couverte, deux Coupes en forme de *pêches de longévité*, appartenant à M. Michelin ; et une série de Tasses et de Soucoupes du Japon d'une très-grande richesse de décor, à M. Langevin.

Un grand Plat d'émail peint, représentant, à l'intérieur, deux divinités marchant sur les eaux, et, à l'extérieur, des grues avec des modèles (*vases honorifiques*) dans des médaillons, appartenant à M. Carli ; une Urne à quatre pans et une Assiette imitant le bronze, à M. le comte de Malherbe, possesseur également d'un petit Vase ovoïde de bronze incrusté de *malachite*, d'un autre petit Vase de bronze à *nuées* d'or dans le métal et d'une Coupe d'émail bleu à filets d'or, formant des caractères antiques, de la période *Kia-king* (1796 à 1821).

A M. Délicourt appartient une collection de laques

du Japon, qui occupent le milieu de la vitrine.

M. Devers, céramiste, a exposé, à l'extrémité, quelques pièces d'un service décoré en noir d'*armoiries européennes*.

De chaque côté de la vitrine centrale, deux grands Brûle-Parfums d'émail, appartenant à M. Délicourt.

INFLUENCE ORIENTALE

SALLE *D*.

Cette salle n'est pas l'une des moins intéressantes. On y a réuni avec de beaux spécimens de l'art chinois et japonais, les types principaux des merveilleuses fabrications développées en Europe par l'influence orientale.

Vitrine, N° 34.—On remarquera, dans la première travée, une paix niellée appartenant au musée de Rouen, une boîte en ivoire sculpté, à M. le comte de Nieuwerkerke; un cadre et des couvertures d'évangéliaires, également en ivoire; montrant l'introduction du goût arabe à Byzance. Des fragments de bois, sculptés de légendes arabes, ont été recueillis en Espagne par M. le baron Charles Davillier.

La seconde travée renferme une coupe couverte à piédouche, en cuivre repoussé, dont les fonds sont remplis d'émail bleu ; produit de l'art musulman. Cette pièce, de la collection de M. le baron G. de Rothschild, a été appliquée au culte chrétien et surmontée d'une figure de saint. Non loin est une étoffe hispano-moresque brodée à la main, des plus gracieux dessins (collection Davillier). On s'arrêtera devant la croix prise par les anglais à Magdala et qui appartenait à Théodoros ; elle fait aujourd'hui partie de la collection Dutuit. M. Baur expose une boîte cylindrique à contenir des parfums, qui est aussi précieuse par sa date que par la finesse du travail ; elle a eté sculptée à Tanger en 1,060. Une tête en pierre représentant un guerrier phénicien, caractérise l'art chypriote avant l'influence grecque.

La troisième travée renferme de curieux bronzes siculo-moresques et une magnifique corne de Renne, sculptée, appartenant à M. Bazilewski.

Au fond est une armoire, n° 35, à trois divisions où sont particulièrement réunies les faïences dorées de l'Espagne et de l'Italie : dans la première on remarquera un beau bassin à M. le comte de Nieuwerkerke ; on a exposé le revers occupé par l'aigle de Saint-Jean ; auprès est un pot de pharmacie (albarello), fond bleu, rehaussé de dorures éclatantes, à M. Bazilewski, provenant de Calata-Gironne, en Sicile.

La division de face est occupée par de grands vases à reliefs et anses multiples appartenant à MM. de Rothschild et à M. Bazilewski.

Deux grands pots à fond blanc à M. Ch. Davillier sont entièrement décorés de légendes arabes en bleu.

Au même amateur et à M. Delange, appartient une suite de carreaux de revêtements, provenant des anciens palais de l'Espagne ; l'un d'eux, rapporté de l'Alhambra, porte la devise : *il n'y a de fort, si ce n'est Dieu*. Un beau plat présente un écu aux trois grenades; auprès sont un aljofaïna arabe de la fabrication de grenade, à M. Gustave de Rothschild.

Dans la troisième division, l'attention est appelée par un charmant hanap hispano-moresque, un grand bassin de grenade à M. Bazilewski et une splendide coupe couverte de Calata-Gironne, appartenant au même.

Auprès de l'armoire sur le mur s'étend une remarquable couverture brodée à M. Bouvier.

L'armoire de droite, n° 36, est purement orientale. Sa première travée renferme un grand bol japonais, décoré de scènes européennes dans le style de Watteau, à Madame Fleuriot ; des théières en sowaas japonais à Mlle Grandjean, et de remarquables divinités chinoises en bronze et en blanc de chine à M. l'amiral Coupvent des Bois. La seconde travée presque toute occupée par des objets au même, offre une belle garniture en jade, composée d'un vase, et deux écrans sur leurs pieds en bois sculpté.

Deux coupes couvertes en jade impérial appellent l'œil par leur teinte charmante ; enfin en bas est un oiseau impérial japonais en porcelaine blanche à Mlle Grandjean.

Dans la troisième travée, M. l'amiral Coupvent des Bois expose encore une garniture en rouge de cuivre flambé sur ses socles en bois de fer ; une bouteille dite en *yao-pien*, ou transmutation, où, sous l'influence du feu, le même oxyde métallique a pris les teintes les plus suaves ; un autre vase avec la pêche de longévité en relief ; une potiche à pans, à fond dit chair de poule, et la statuette d'un philosophe chinois ; enfin quelques beaux bronzes datant de la dynastie des Ming.

Sur un socle, au milieu de la salle, est le fameux coffre en ivoire, garni en argent niellé, d'une très-grande richesse et d'un travail arabe excessivement remarquable. Ce coffre fut enlevé aux Sarrazins à la bataille de Poitiers par Charles Martel, en 732, et donné à la cathédrale de Bayeux par une reine de France.

Au centre de la pièce est une vitrine n° 37, renfermant des fragments de terres cuites antiques découvertes dans l'île de Chypre et exposés par M. le capitaine de vaisseau Jaurès. Ceux de la rangée supérieure, d'un travail très-grossier, appartiennent à l'art phénicien. Ce sont de ces idoles de pacotille que l'on vendait aux dévots comme souvenir de leur pélerinage dans tous les sanctuaires importants du monde asiatique. On remarquera celles qui représentent la grande déesse de Chypre, Astarté, comme mère, tenant un enfant dans ses bras ; c'est un genre de représentation de la plus grande rareté.

INDES

SALLE *E*

Sur le mur, à gauche en entrant par la salle, et sur le mur en retour, des tapis modernes appartenant à M. Foye-Davenne ; sur la tablette, des cadres contenant des miniatures, scènes de roman, portraits, etc., appartenant à M. Baur.

L'armoire (n° 38) a été remplie par M. Verdé-Delisle, d'objets indiens de fabrication moderne. Ils consistent principalement en pièces de carton peint et verni formant des boites, des vases de toutes formes, des plateaux et même des services à café.

Sur le mur en retour, un grand *tapis indien* formé d'une mosaïque de morceaux de serge cousus ensemble, à M. Geffrier. Dessus est placée une statue de bronze, armée de vingt-quatre bras et personnifiant la *Trinité indienne*, à M. Moulin.

Sur le mur, au delà de la porte de communication avec le grand salon, un trophée d'armes orientales de toute provenance et d'époques relativement modernes, à M. le colonel Bro de Comères; un tapis brodé orange, à M. Reiber, et sur le mur en retour, un grand tapis rouge oriental, à M. Foye-Davenne; un accoudoir éléphant, à M. Bixio, et des statuettes en bronze à M. Dugléré; une toile de coton peinte, complétant celle placée vis-à-vis, et relative à l'ambassade hollandaise dans les Indes ; sur la tablette en avant, un *narguilhé* de métal noir incrusté d'argent, de forme *sphérique*, avec son support annulaire et son plateau, à M. Jacquelet Bey.

L'armoire (n° 39) renferme un grand tapis venu de *Kachemir* et quelques robes de même provenance, à M. Verdé Delisle, avec des plateaux de carton verni. Les deux trophées d'armes indiennes, fusils et pistolets, à monture de bois peint, appartiennent à M. Geffrier. Les timbres et les cottes de maille, quoique venus des Indes, peuvent être d'origine persane. Les miniatures exposées sur la tablette qui suit, appartiennent à M. Geffrier et à M. Baur.

Table-vitrine (n° 40) appartenant à M. Jules Jacquemart. — Deux *masques de théâtre;* une théière en émail peint à décor rouge et deux tasses de porcelaine imitant ce décor; un album de miniatures avec sa reliure; des bronzes; des armes, crics, sabres, poignards, etc., avec une *rondache en peau de rhinocéros*.

Dans la vitrine, une collection de chaussures de la Perse, de l'Inde et des peuples situés à l'Est du bassin de la Méditerranée. Dans leur nombre, une paire de *cothurnes de prêtre indien*, en cuir noir, de style imitant l'antique et des sandales maintenues au pied au moyen d'une tige passant entre le gros et le petit orteil : cette tige est terminée par un bouton qui s'épanouit en une *fleur de Lotus* à chaque pas de la personne qui est chaussée de ces sandales. — Deux grands bassins de *porcelaine des Indes* décorés, l'un de représentations *maçonniques*, l'autre de copies de médailles exécutées sur commandes européennes, à M. A. de Liesville ; une statuette de bronze de Valliamé, l'une des *femmes de Vischnou*, à M. L. Figaret.

Table-vitrine (n° 41). — Dans la vitrine une réunion de porcelaine des Indes. — Une *coupe à pied* imitant l'émail, décorée de feuillages sur fond rouge, à Madame la Baronne Salomon de Rothschild. — Des assiettes creuses à *inscriptions indiennes*, l'une d'elles portant au centre *un talisman*, à MM. A. Jacquemart, Gasnault et Jacquelet-Bey. — Deux *cornets* à décor de fleurs bleues rehaussées d'or, à M. Gasnault, une boîte à thé de même décor, à M. Jacquemart ainsi que deux assiettes à décor rayonnant, commandes européennes exécutées dans des fabriques des Indes, dont la situation est encore inconnue. Une théière à décor *vermiculé rouge* avec fleurs vertes, à M. le duc de Martina. — Deux éléphants destinés à servir de *gargoulettes*, le liquide se répandant par leur trompe, l'une à M. le duc de Martina, l'autre à madame Rouveyre — Une *aiguière* avec son bassin, en métal noir, incrusté d'un réseau de feuillage d'argent ciselés en relief, à madame la Baronne Salomon de Rothschild. — Des statuettes de personnages de la *Théogonie indienne*, à M. Léon Figaret.

Sur la table. — Un magnifique croc *de Cornac de fer ciselé dans la masse*; des poignards à manche de *jade incrusté de pierreries* ou de *fer damasquiné*; un chasse-mouche formé de plumes de paon à manche de jade, à Mme la baronne Salomon de Rothschild; des bijoux d'*or repoussé*, consistant en deux bracelets, deux *jambières*, deux pendants d'oreille et deux boutons, appartenant à Mme de Vassoigne. Sur les *jambières*, *Vischnou* est représenté en berger et jouant de la flûte appuyé sur une vache. Petit service d'argent doré garni d'*émail peint*, à M. Evans; miniatures appartenant à M. Leroy-Ladurie; collection de costumes peints sur talc et s'ajustant sur des têtes peintes sur un carton, donnée par Géricault à M. Bro de Comères, alors enfant.

Table (n° 42). — Miniatures persanes et une marionnette indienne en carton découpé, à M. J. Jacquemart.

Table (n° 43). — Armes orientales de toutes provenances, et deux bassins de cuivre gravé d'Asie-Mineure, à M. le colonel Bro de Comères.

SALLE *F*.

PERSE

Dans l'embrasure de la porte, une Lampe de mosquée en cuivre, appartenant à M. Goupil.

Sur le mur, à gauche en entrant, un magnifique Tapis persan, à fond rouge, à M. Valpinçon ; en avant, des assiettes de faïence de Perse, appartenant à M. Lequeu.

Sur le mur en retour, dans l'angle, des Rosaces formées de morceaux de bois sculpté provenant d'un plafond de mosquée, au Caire, à M. le docteur Meymar.

La vitrine qui suit (n° 44) est consacrée aux Porcelaines qui, classées d'habitude parmi les produits de la Chine et du Japon, en ont été distraites par certains auteurs pour être attribuées à la Perse.

La première travée est réservée aux Porcelaines de Corée. Le ton du décor est généralement plus doux que celui des Porcelaines de Chine, et les fleurs qui le composent sont souvent symétriquement disposées, comme sur la Potiche appartenant à Mme Fleuriot.

La branche de *pêcher fleuri*, surtout imitée en France par l'ancienne fabrique de Chantilly, appartient encore à la Corée. Une Potiche décorée de deux femmes de chaque côté d'un pêcher fleuri, et un Service à fleurs en relief, appartenant à M. Gasnault, sont des types du genre. Notons encore une Théière aux armes d'un empereur du Japon, appartenant à M. Jacquemart.

2e Travée. — Porcelaine de Perse, soit à pâte dure, comme celle de la Chine, soit à pâte demi-tendre, particulière à la Perse. Bouteille de porcelaine *demi-tendre*, décorée de bleu et de *brun de manganèze* sous couverte ; une série de Vases de *porcelaine dure*, dont le décor, se détachant sur un fond d'écailles rouges, est particulier, appartenant à M. le duc de Martina ; trois Bouteilles brunes, décorées de fleurs blanches, par *Engobe ;* une Tasse à jour, décorée de fleurs brunes, *à reflets dorés* sur fond blanc, en porcelaine *demi-tendre*, à M. A. Jacquemart ; une Boîte à bétel en cuivre, décorée d'*émail cloisonné*, *poli*, à M. le duc de Martina.

3e Travée. — Mêmes fabrications.

Trois *Surahé* ou bouteilles à vin, décorées de bâtons rompus, gravés dans la pâte et de médaillons bleus, portant des inscriptions persanes dans lesquelles le nom du vase est mentionné. — Une grande gourde à fond de mosaïque, à M. le duc de Martina.

Une aiguière avec son plateau à double fond, en *porcelaine dure*, décorée de bleu. — Un vase à surprise, dont les parties à jour ont été remplacées par un émail sur métal ; au musée céramique de Limoges. — Une bouteille de porcelaine *demi tendre*, gravée dans la pâte, avec médaillons bleus, à M. Gasnault. — Une coupe ovale à couvercle de *jade* incrusté d'or et de pierreries, à M. le duc de Martina. — — Le trumeau intermédiaire entre cette armoire et la suivante est couvert par des panoplies d'armures et d'armes appartenant à M. Basilewski, provenant pour la plupart de la Perse. L'armure se compose d'un *timbre hémisphérique à rappel mobile*, garni d'un *couvre nuque* de mailles, d'une *chemise de maille* recouverte de quatre pièces forgées, articulées ensemble qui portent le nom des quatre miroirs.

L'armoire qui suit (n° 45), est entièrement remplie par les objets appartenant à M. Schefer.

Ces objets se composent de plats de faïence de Perse d'une très-belle qualité, distribués sur la tablette inférieure ; de porcelaine demi-tendres ; de cuivres gravés et incrustés et de pièces d'orfévrerie moderne.

1re Travée. — *Lampe de mosquée*, de faïence à fond vert noir avec réserves blanches, portant sous le pied l'inscription : « fait par *Us Elainy Ettoureizy, XVe siècle.* » — Boîte à parfums de cuivre incrusté d'argent, *de Mossoul, XIIe siècle.* — Tasses de bain en cuivre gravé.

2° Travée. — Urne à couvercle de cuivre, de Damas. — Bouteille de porcelaine tendre décorée de *cyprès* et d'animaux en brun métallique. — Un petit chandelier, à neuf côtes, de cuivre incrusté d'or et d'argent : *Bagdad, XIV*e *siècle.*

3e Travée. — Deux cylindres de cuivre gravés à l'usage de siège, xve siècle. — Une petite bouteille émaillée, décorée de fleurs *translucides* sur fond bleu lapis. — Un petit bélier de bronze, signé de *Mir-Mohammed.* — Une *aiguière* de porcelaine dure, incrustée de grenats et de turquoises, xvie siècle.

4e Travée. — Deux petits Vases de cuivre incrusté d'argent, portant le titre de *Melik-Nacer ;* une grande bouteille de faïence, deux grands Chandeliers à longue tige annelée et renflée, de cuivre damasquiné.

Sur le mur en retour, contre le grand salon, une Tenture de toile peinte de l'Inde, à fond rouge décoré de fleurs et d'oiseaux, d'une largeur remarquable, appartenant à l'Union centrale.

En avant, une Lampe à quatre pans de cuivre, percée à jour, exécutée pour le *Chef des eunuques du sultan Bibars, mort en 1277.* Dans la porte, garnie de montants de bois sculpté au Caire, appartenant à M. le docteur Meymar, une Lampe en forme d'urne, à pans de cuivre, percée à jour, provenant du tombeau du *sultan Bibars*, toutes deux à M. Schefer.

Contre le mur, après la porte, un Tapis appartenant à M. Valpinçon, entouré de plats de faïence de

Perse et de Rhodes, appartenant à M. le docteur Meymar, et des décorations en terre cuite émaillée provenant d'*Ispahan*, à M. Collinot.

Sur le mur, après la porte conduisant à la Salle des Indes, un Tapis de soie et or, d'une qualité exceptionnelle, appartenant à M. Longuet. En avant, une Lampe de mosquée en forme d'urne, ornée d'inscriptions en relief, à M. L. Goupil. Sur la tablette, deux pages in-folio d'un Coran manuscrit, appartenant à M. le docteur Meymar, et deux grands Bassins de cuivre gravé de Damas sur leurs supports, à M. le capitaine de vaisseau B. Jaurès.

Vitrine (n° 46) remplie par plusieurs amateurs de Faïences de cuivres, *gravés* et *damasquinés*.

1re Travée. — Deux Brocs cylindriques à anses : le premier décoré de tulipes et œillets d'inde, à M. de Senevas ; le second de rosettes blanches en *réserve* sur fond rouge, à M. Lequeu ; deux Plaques de revêtement de faïence, ornées de cavaliers portant un faucon sur le poing, en relief sur un fond bleu orné de fleurs, à M. le baron Ch. Davillier.

2e Travée.—Plat de faïence décoré d'un faisan sur fond rouge, à M. Larroque; une Boule de cuivre à jour, garnie à l'intérieur d'une lampe portée sur des cercles à axes contrariés, destinée à *chauffer les mains*, à M. Collinot; une Bouteille de métal noir incrusté d'argent, à M. Léonce Mahoü.

3e Travée. — Grand Plat à fond turquoise, décoré d'un faisan posé sur une branche de fleurs, à M. le comte de Nieuwerkerke; une Coupe avec son plateau et son couvercle en *métal noir incrusté de fleurs d'argent*, à M. Larroque; un Plateau de faïence émaillée de bleu à dessins d'or, à M. le docteur Maymar.

4e Travée. — Une collection de *Plats persans*, à M. le capitaine de vaisseaux B. Jaurès, dont deux, l'un à fleurs et fruits en *réserve* sur fond bleu, l'autre à fleurs bleues, turquoises grises et violettes sur fond blanc, sont surtout à noter; Chandelier gravé, de Damas, au même.

Sur le mur, un tapis de Perse à fond rouge vif, appartenant à M. Valpinçon.

Sur le mur en retour, un *tapis de prière*, brodé; et une série de fragments de revêtements de faïence provenant du tombeau de *Mohammed I, à Brousse*, XVe siècle; les uns avec relief étaient placés à l'extérieur; les autres lisses à l'intérieur, contre les murs. Les mosaïques formées de fragments de briques émaillées revêtaient les voûtes et les plafonds; à M. Léon Parvillé.

Table-vitrine (no 47) vis-à-vis de l'armoire de M. Schefer.

Deux grands *porte-cierges* en cuivre incrusté d'or et d'argent; l'un de *fabrication arabe*, l'autre orné de médaillons représentant des chasses, avec frise ornementale en caractères *cufiques*, de fabrication persane. — Deux chandeliers cylindriques. — Une boîte circulaire à couvercle plat se relevant en dôme.

Dans la table environnante une réunion d'armes de toute provenance à M. Bazilewski.

Table-vitrine (n° 48). — Une collection de *huit lampes arabes de mosquée* en verre émaillé, de la plus grande rareté et du XIIIe au XVe siècle, appartenant à MM. le baron Gustave de Rothschild, comte de Niewerkerke, Schefer, Bazilewski, L. Goupil et Carrand. — Plus une grande *bouteille à deux anses* et une *coupe à pied émaillée* d'une frise de musiciens et de chasses, armoriée d'une aigle de sable sur argent, du XIIIe siècle, appartenant à M. Schefer, et une petite bouteille à M. le baron Gustave de Rothschild.

La grande lampe de M. Schefer, porte l'inscription de l'émir *Cherub Eddin Ahmed el Mihmander* (introducteur des ambassadeurs).

La petite lampe porte l'inscription du sultan *Mohammed* fils de *Kalaoun*, commencement du XIVe siècle. — La lampe de M. Bazilewski, a été exécutée pour un majordome, non-dénommé. — Celle de M. le baron Gustave de Rothschild pour le *sultan Mahmoud-el-Nedjmi*, et celle de M. Carrand pour un serviteur du même sultan.

Deux porte-cierges coniques et deux chandeliers à trois pieds, à M. Basilewski, et à M. L. Malioü.

Sur la table, parmi une nombreuse collection de

carreaux de revêtement appartenant à M. Collinot, un carreau en étoile octogone et un autre en croix s'ajustant avec lui, décorés de dessins *blancs en réserve* sur fond brun *métallique*. — Un carreau exagone à dessins symétriques en réserve sur fond bleu. — 3 cavaliers en relief sur fond bleu-fleuri. Parmi quelques armes, un *brassard de fer damasquiné* du lion et du soleil de Perse, avec inscription en caractères *Pehlvi*, du temps des *Sassanides* et sur le poignet une inscription plus moderne, à M. L. Mahoü. — Un *ceinturon de femme* en argent décoré de corail, au même. — Des Manuscrits, appartenant à M. le comte de Malherbe : *Les Séances de Haire, ms. arabe de l'an 635 de l'Hégyre. — Les Merveilles de la Création :* ms. arabe du XIVe siècle, avec les animaux figurés dans les miniatures.

Table N° 49, Bijoux modernes appartenant à Mme Schefer, fabriqués à Beyrouth, pour la plupart. Le Bracelet central, décoré de boules en *filigrane*, vient du Yemen. Les trois autres Bracelets du même genre sont de Damas; les deux Torques, l'une d'argent, l'autre d'or, sont égyptiennes.

Quelques Reliures persanes remplissent le reste de la vitrine.

Table (n° 50). — Manuscrits et miniature appartenant à M. Schefer. — Les miniatures, placées sur la première ligne, représentent des personnages turcs; sur la seconde ligne, sont des monuments persans d'une excessive finesse de décoration, parmi lesquels : *Manik Utthcir* (langage des oiseaux), traduction en turc oriental, exécuté en Boukharie, en 960 de l'Égyre, pour le *Sultan Mohammed Yar-Behadir*. — *Recueil des œuvres poétiques du sultan Aboulgazi Hussein Behadir*, en turc oriental, exécuté par lui, à *Héral, l'an 890 de l'Egyre*. *Recueil des poésies de Chahy*, exécuté pour le *Sultan Aboulfelh-Behrain*, en Perse, au XVIe siècle.

GRAND SALON *G*.

Vitrine n° 51, adossée au mur, entre la porte de la salle des Indes et celle de la salle persane, remplie d'objets des Indes et de la Cochinchine, appartenant au ministère de la marine et des colonies.

Objets des Indes.—Bronzes représentant plusieurs personnages de la théogonie indienne : statuettes d'artisans, exécutées en terre cuite, colorées et habillées ; remarquables par la réalité des physionomies et la sincérité de l'exécution ; poteries vertes vernies au plomb; menus meubles de bois de santal, plaqués d'ivoire; ornés de mosaïques, formées d'ivoires de cuivre et de Santal : armes communes, soieries.

Objets de Cochinchine. — Ustensiles de bronze jaune; boite à bétel de cuivre incrusté d'argent niellé ; bijoux d'or rouge ; vases d'argent repoussé ;

boîtes et meubles de bois incrusté de nacre ; soieries chinées.

Sur le mur de l'ouest, grande vitrine n° 52, renfermant des objets du royaume de Siam, exposés par M. de Gréhan, consul général de Siam en France.

Orfèvrerie d'or rouge et d'argent repoussé, formant des coupes dentelées en forme de fleur de Nélumbo, décorées de médaillons de fleurs ; bijoux d'or et d'argent niellé et doré : grand bassin d'argent repoussé : émaux peints ; vasques à pans de bois laqué noir incrusté de nacre ou de morceaux de verre formant mosaïque ; vases de bois laqué rouge et doré, l'un en forme d'oiseau ; théïères et tasses de marbre brun avec anses réservées dans la masse ; masques scéniques reproduits dans une série de dessins coloriés et dorés qui représentent pour la plupart des combats entre deux personnages ; tissus d'or et de soie damassés ; tissus rouges brodés en feuilles de clinquant doré sertissant un morceau de verre ; instruments de musique et armes.

Le grand tapis de Smyrne placé au-dessus de la vitrine de Siam, appartient à M. Emile Perrin.

Les vitrines n° 53 et 54 renferment des schals et des tissus précieux exposés par M. Maurice Dalsème.

Les vitrines 55 et 57 ont reçu l'exposition de la compagnie des Indes.

Le n° 56 contient une jolie collection de spécimens de l'industrie moderne, en Chine et au Japon. Le tout est exposé par la maison de la Porte chinoise.

De chaque côté de cette vitrine sont des objets appartenant à M. Laurens, parmi lesquels on doit remarquer deux brûle-parfums en bronze jaune décoré d'animaux, de personnages et de branchages. Ces deux objets ont été fabriqués dans la manufacture impériale du Japon ; ils en portent la marque,

Sur le mur de l'est : la vitrine n° 58, renferme des tissus de cachemire et de broderies indiennes, à MM. Frainais et Gramagnac ; la vitrine n° 59, est remplie d'objets du Japon, à Mme Desoye.

Dans le coin du salon, après la porte qui conduit à la salle I, on peut remarquer un grand bassin en bronze, rare par sa dimension et son décor. Il appartient à M. Marcellin.

La vitrine n° 60, renferme des poteries de Satzuma et un grand nombre d'objets variés appartenant à M. Laurens, à Mme Rouveyre et à Mme Fournier.

La table vitrine n° 61, appartient à M. Bellenot, qui y a exposé des objets de la Chine et du Japon, dont plusieurs sont en outre distribués sur les tablettes qui occupent les espaces libres entre les armoires.

La table vitrine n° 62 renferme des objets modernes du Japon, exposés par M. Marcellin.

Une pirogue de Siam, donnée par M. de Greant, au ministère de la marine, est placée en avant de la vitrine des colonies.

Au centre du salon sont dressées deux tentes. La grande tente est garnie de soieries de fabrique probablement italienne : la petite, de tapis persans ajustés ensemble et avec des écoinçons triangulaires. Cette tente, prise sur les Turcs au siége de Vienne de 1683 par Jean Sobieski, roi de Pologne, appartient à M. le prince Czartoriski.

Aux deux bouts de la grande tente sont dressés six oriflames de la bataille de Lepante. Ils appartiennent aussi au prince Czartoriski.

Près de la petite tente est une alcôve chinoise composée d'une partie à claire-voie, garnie en gaze, où se trouve le lit; une arcade cintrée, sculptée à jour, le sépare de la partie antérieure formant cabinet, et surmontée d'une sorte d'entablement en saillie, avec ornements à jour. La porte à colonnettes s'appuie sur des panneaux sculptés à leur base et percés de deux ouvertures circulaires. C'est là que se placent, d'un côté le siége, de l'autre le meuble à toilette.

Auprès sont deux tables en bois sculpté à dessus de marbre, sur lesquelles on a placé, entre autres choses, les cinq pièces d'une garniture d'autel, c'est-à-dire le brûle-parfums, deux flambeaux et les vases, le tout en émail cloisonné.

En avant est placé un fauteuil ou trône sculpté provenant du palais Impérial.

SALLE *H*.

On arrive à cette salle en traversant dans toute sa longueur la salle de Rome, à laquelle nous reviendrons lorsque nous aurons fini avec l'Orient et les industries françaises qui s'en sont inspirées.

Les quatre côtés de la salle H sont tapissés de tapis splendides et de portières du meilleur goût. Le tapis de galerie qui est au mur nord n'a pas moins de 14 mètres 50 centimètres de long sur 5 mètres de large.

Au fond de cette salle est une vitrine n° 63, dans laquelle on remarque des spécimens de ce que l'Orient produit de plus beau en tissus brodés. Cette vitrine et les tapis sont exposés par M. Lionet Dalsème.

En quittant la vitrine n° 63, on est en présence d'un clavecin attribué au chevalier Bernin, l'architecte préféré de la cour d'Innocent X. Cet instrument est toute une allégorie. La musicienne qui s'en sert est une syrène, ravissant ceux qui l'écoutent, par les mélodies qu'elle en tire. C'est Circé sortie de la mer et assise sur l'un des rochers qui bordent son promontoire, situé comme on le sait sur les bords du Latium. Son instrument lui est apporté par des tritons. Le cyclope Polyphème, assis à côté d'elle, l'accompagne de sa cornemuse. Des neréïdes l'écoutent et dansent joyeusement dans les flots. Un petit génie garde le char de la déesse, formé d'une coquille et attelé de deux dauphins. Une nymphe sortie de la mer, assise sur un rocher, exprime par son attitude le ravissement qu'elle éprouve aux mélodies de sa maîtresse.

Ce remarquable instrument appartient à M. le comte de Sartiges, sénateur, ancien ambassadeur à Rome.

En quittant ce clavecin on se trouve devant une réunion très-remarquable de produits français, choisis par les soins de la commission orientale. Ce groupe d'objets très-divers n'a d'autre but que de montrer les résultats déjà obtenus par des hommes sachant s'inspirer des merveilles du musée oriental. Par cette première constatation, il est facile d'entrevoir ce que gagnera l'industrie française à l'existence de ce musée sans pareil.

SALLE *I*.

ROME ANCIENNE

Les photographies et les dessins relatifs aux antiquités romaines depuis Romulus jusqu'au XIVe siècle environ, exposés dans cette salle sont une partie de ce que M. John-Henry Parker, d'Oxfort, possède.

MURS. — Un plan de la Rome ancienne commence la série, à gauche en entrant. Au-dessous sont placées des photographies donnant les détails de construction des murs.

Ce sont d'abord les restes du mur de Romulus, découverts dans les dernières années au Palatin, puis ceux du mur du roi Servius Tullius (504 ans avant J.-C.).

Le *Tabularium* (500 ans avant J.-C.), est encore construit par grandes assises, ainsi que la tombe de Cécilia Metella (300 ans avant J.-C.)

FORTIFICATIONS. — Des détails des fortifications qui n'ont point figuré dans la série précédente sont relatifs à la disposition et à la forme des tours, à celle des chemins de ronde et des corps de garde dans l'épaisseur des murs ; à la défense des portes.

AQUEDUCS. — Cette partie si importante des constructions civiles des Romains, est étudiée avec de grands détails dans les plans et les photographies exposées.

ETUDE CHRONOLOGIQUE DES MONUMENTS. — Cette série plus pittoresque que les précédentes, montre les temples, les thermes, les amphithéâtres et les ponts, dont plusieurs ont été fortifiés au moyen-âge.

Il est nécessaire de revenir maintenant à la porte d'entrée, pour suivre à la droite la paroi de la salle. Après une série de photographies d'après les fouilles récentes que M. J-H. Parker a fait exécuter pour éclaircir quelques points obscurs d'archéologie antique, on arrive à l'étude de l'art chrétien.

FRESQUES. — Celles-ci sont étudiées dans les catacombes et les basiliques.

Les voutes des catacombes de Saint-Prétextat sont couvertes d'ornements dans le goût antique le plus pur, ainsi que celle des catacombes des Juifs, où l'on remarque des oiseaux posés au milieu des guirlandes de fleurs. Dans les catacombes de Domitilla (commencement du IIe siècle), les saisons sont encore figurées. Le plus ancien sujet purement chrétien que l'on connaisse est une Vierge avec l'enfant Jésus et saint Joseph, d'un style tout classique, qui a été trouvé dans la catacombe de Priscilla. Dans celles de Sainte-Agnès (IVe siècle), est une autre représentation d'un caractère bien postérieur, de la Vierge étendant les bras symétriquement, et portant l'enfant Jésus devant elle. Une orante et un bon pasteur. A Saint-Nérée (vers 400), un bon pasteur au milieu d'ornements de style tout antique.

Dans les catacombes du collége des Arvales (an 600), une tête de christ à Santa-Pentiana (an 772), une tête de Christ et trois Saints ; un baptême du Christ de style grec : la représentation d'une croix décorée de pierreries. A côté de ces photographies obtenues à la lumière du magnésium sont exposées celles qui ont été faites d'après des copies peu fidèles de ces peintures.

Il importe, du reste, beaucoup dans l'étude des fresques des catacombes, de distinguer ce que ne font pas assez les notes explicatives placées par M. Parker sur ses photographies; les peintures primitives exécutées dans les premiers siècles du christianisme, et les peintures d'un tout autre caractère, qui furent postérieurement ajoutées à l'ancienne décoration des catacombes après la paix de l'église, lorsque ces lieux furent ouverts à la vénération des fidèles et qu'on voulut les décorer avec le plus de luxe possible.

Dans la crypte de St-Clément, qui était l'ancienne basilique, au-dessus de laquelle la nouvelle a été construite au XIIe siècle, crypte nouvellement découverte et déblayée, sont des peintures du IXe au XIe siècle, étant exécutées les unes sur les constructions primitives, les autres sur des constructions additionnelles, nécessitées pour soutenir l'édifice supérieur. La Crucifixion et la Résurrection (880 à 1050). L'Ascension (1049 à 1055). La Conversion de Sisinius, scène de la légende de Saint-Clément (1080).

Eglise de Saint-Urbain. Les trois Mages (1001).

dans le style des catacombes. La résurrection de Lazare. Peintures du portique de Saint-Laurent qui semblent du XIIe siècle.

MOSAIQUES.— Les mosaïques avec les fresques, étant à peu près datées pour la plupart, sont d'une grande importance pour l'histoire de la peinture. Colombarium de Pomponius Hylas (50), inscriptions et griffons. Eglise de Saint-Antoine abbé (100), tigre dévorant un taureau. Eglise Sainte-Constance (320), voute couverte d'un ornement imitant un tapis ; dans l'un des compartiments sont représentés des vendangeurs d'un style très-antique. Eglise Sainte-Pudentienne ; admirable composition, d'un style encore empreint des traditions antiques, représentant le christ entouré des apôtres, que M. Vitet n'hésite pas à rapporter au temps de Constantin. Eglise de Saint-Côme et Saint-Damien (526 à 536), figures du christ et de saints. Eglise de Sainte-Constance (850), le christ entre deux prophètes. Eglise Sainte-Praxide (820), peintures de style grec. Basilique de Saint-Clément (1121). — Croix au milieu de rinceaux.

Saint-Paul avec une inscription moitié grecque, moitié latine, *Agior Paulus*. Basilique de Sainte-Marie majeure, style du Giotto. Pavages et revêtements d'ambons et de clôture de chœur en mosaïques entourant des plaques de marbres précieux, *opus Alexandrinum*. Le plus ancien exemple dans l'église de Sainte-Marie in Cosmédin (1120).

La vitrine au centre de la pièce, contient une riche série de monnaies arabes, tirée de la collection de M. de Saint-Laumer. On peut y suivre toute l'histoire du monnayage musulman, depuis les pièces d'argent frappées par les premiers khalifes sur les bords de l'Euphrate et en Perse, à l'imitation des rois Sassanides. Les monnaies à figure fabriquées aussitôt après la conquête, dans les villes de Syrie par abd-el-Malic, et les *dinars* d'or à légendes latines, battues dans les premières années de l'occupation de l'Espagne, jusqu'aux espèces les plus récentes, arabes, persanes et turques. En général, les monnaies musulmanes, ne portent que des inscriptions et non des types figurés, en vertu de l'interdiction de représenter des êtres vivants, qui résulte non d'une texte formel du Coran, mais d'un préjugé presque universellement répandu chez les mahométans.

Les six vitrines n°s 64 à 69 renferment une partie de la collection de monnaies et médailles appartenant à M. Legras.

On y remarque des monnaies de l'empire chinois, depuis 2,637 avant Jésus-Christ ; des monnaies du Japon depuis 708; des monnaies de Tongkin, de la Cochinchine et de l'empire d'Annam, depuis 1428, etc., etc.

SALLE J

HISTOIRE DE LA GRAVURE.

M. E. Dutuit, de Rouen, s'étant appliqué dans la formation de la collection qu'il a exposée à acquérir les pièces les plus rares; celles que ne possède point le Cabinet des Estampes; toutes ces gravures sont remarquables par leur beauté, ainsi que par les particularités qui constituent ce que l'on appelle des *états*. La collection des eaux-fortes de Rembrandt et celle des gravures de Marc-Antoine sont surtout remarquables par la quantité et par le choix des pièces.

Les estampes sont disposées dans des cadres alignés sur trois rangs. Celles des deux premiers rangs sont les plus précieuses ; celles du troisième sont formées d'exemplaires de burins du XVIe et du XVIIIe siècles, de plus grandes proportions, d'après les maîtres Flamands, Italiens et Français.

Sur les murs de l'ouest, les Écoles Allemande et Flamande; sur le mur du sud, l'École Hollandaise ; sur le mur de l'est, l'École Italienne; sur le mur du nord, l'École Française :

OUEST

ÉCOLES ALLEMANDE ET FLAMANDE

1er Cadre. — Gravures dites *emblées*, d'une excessive rareté ; premiers spécimens de gravures sur métal, dans le nord, exécutées vers 1440. — Le Maître, de 1466 : le *Saint-Georges*, la *Nativité*, deux lettres de l'Alphabet.

2e Cadre. — Mair, en 1499 : Une grande pièce. — A. Glockenton : l'*Adoration des Rois*, signée A. G., rarissime.— Le Maître : des *Contes de Boccace*, deux pièces.

3e Cadre. — Martin Schœn : Huit pièces, parmi lesquelles le *Portement de Croix*, la *Crucifixion*, avec les feuilles de l'arbre encore indiquées sur la draperie de la Vierge, pièce inédite; *Jésus-Christ et la Vierge sur un Trône;* le *Couronnement de la Vierge*.

4e Cadre. — Martin Schœn : Sept pièces, parmi lesquelles l'*Encensoir*, la *Crosse*, le *Saint-Jacques combattant*.

5e Cadre. — Israël von Mecken : La *Danse*, pièce capitale. — *Bocholt*. — Bosche, dit Duhamel.

6e Cadre. — Albrecht Durer : Sept pièces, dont le *Saint-Hubert*, la *Vierge au Banc*, non terminée.

7° Cadre. — Lucas de Leyde : Huit pièces, dont la *Résurrection de Lazare.*

SUD.

ÉCOLE HOLLANDAISE

8° Cadre. — Berghem : Six pièces à l'eau-forte pure, sans retouches à la pointe, non décrites.

9° Cadre. — Berghem : Huit pièces non décrites ou de premier état.

10° Cadre. — Both : Trois eaux-fortes pures. — Guill. de Heusch : Un paysage avant le nom. — Hackert : Un paysage à l'eau-forte pure.

11° Cadre. — Karel Dujardin : Cinq eaux-fortes avant les Remarques ou avant la Lettre. — A. Van de Welde : Trois eaux-fortes dont le *Chasseur* et le *Petit Bouc,* de la plus grande rareté. — Van der Does : Deux épreuves de la même estampe, représentant des animaux : l'eau-forte pure et la planche terminée.

12° Cadre. — Paul Potter : Deux eaux-fortes, dont les *Grandes Vaches,* avant que la planche n'ait été coupée à gauche et avant toutes Lettres. — Ph.

Wouwerman : Le *Cheval.* — Ruysdaël : Cinq paysages, dont plusieurs à l'eau-forte pure.

13e Cadre.— Adrian van Ostade : Dix pièces, dont les *Harangueurs* en premier état; le *Peintre*, avant la Lettre; le *Joueur de Violon* et le *Petit Veilleur* avant le trait d'encadrement, non décrits ; le *Goûter*, avant la Lettre ; le *Chanteur*, deux épreuves, l'une avant le fond, l'autre avant l'indication du plancher.

14e Cadre. — Rembrandt : Cinq pièces : *Jésus-Christ guérissant le Paralytique*, dit « la Pièce aux cent florins. » L'état à grandes marges, avant les contre-tailles sur le cou de l'âne, et avec les mains noires du juif à gauche ; épreuve dont les différents possesseurs sont connus depuis Rembrandt jusqu'à M. E. Dutuit, qui l'a payée 29,000 fr. à Londres ; le *Bourgmester six*, deuxième état (le premier est unique) ; *Asselyn, avec le Chevalet ; Rembrandt* appuyé, avant le cordon qui entoure son bonnet; le *Peseur d'or*, avec la figure blanche.

15e Cadre. — Rembrandt · Onze pièces représentant des paysages, dont les *Trois Arbres*, les *Trois Chaumières*, avant les contre-tailles.

16e Cadre. — Rembrandt : Neuf portraits, dont le *Lutma*, avant la croisée.

17e Cadre. — Rembrandt : Huit pièces , dont la

Résurrection de Lazare, avec l'homme effrayé, et le *Bon Samaritain*, avec le cheval à la queue blanche.

18e Cadre. — Rembrandt : Cinq pièces, dont les *Trois Croix*; le *Vieillard affligé*, à tête blanche; l'*Ecce Homo*, avant les contre-tailles; la *Coquille*, gravure achevée avec patience, mise là par opposition à l'exécution sommaire et heurtée de l'*Ecce Homo*.

19e Cadre. — Rembrandt : Neuf pièces, dont la *Bohémienne*, très-rare; le *Portrait de Rembrandt*, en esquisse, très-rare; le *Portrait de Clément de Jonge*, en premier et troisième état, le premier avant le cercle d'encadrement.

EST.

ÉCOLE ITALIENNE

20e Cadre, dans le pan coupé. — Marc-Antoine : Quatre pièces, dont le *Goliath*, avant le nom sur la tablette.

21e Cadre. — Marc-Antoine : Quatorze pièces, dont la *Vierge allaitant le Christ* et le petit *Christ au Tombeau*, épreuves des plus rares.

22e Cadre. — Marc-Antoine : Huit pièces, dont le

Massacre des Innocents, avec le petit pin à droite et avant la Lettre.

23e Cadre. — Marc-Antoine : Huit pièces, dont la *Poésie,* avant l'inscription sur la Tablette.

24e Cadre. —Campagnola : le *Saint-Jean* au pointillé : neuf nielles, premières gravures, généralement sur argent qui, exécutées pour la décoration de pièces d'orfévrerie, ont donné des épreuves avant que leurs entailles ne fussent remplies de la matière noire (sulfure d'argent), qui en rend le dessin apparent.

25e Cadre. — Marc-Antoine : Cinq pièces, dont l'*Adam* et *Ève,* en magnifique épreuve ; les *Cinq Saints* : Mars et Vénus avant le flambeau et la tête de Méduse sur le bouclier.

26e Cadre. —Marc-Antoine : Six pièces : le *Massacre des Innocents,* deuxième planche; avec le pin supprimé ; le *Jugement de Pâris ;* la *Vierge sur les Nuages,* première planche avec l'auréole, et deuxième planche sans l'auréole et avec le nimbe plus clair.

NORD

ÉCOLE FRANÇAISE

27e Cadre. — Audran, d'après le Poussin : La *Femme adultère,* avant toutes Lettres : une des deux épreuves connues.

28e Cadre. — Nanteuil : Quatre portraits, dont

celui de *Turenne,* à la cuirasse blanche, avant la lettre ; épreuve unique ; celui de *Christine* de Suède, en premier état ; et de Mme *De Sévigné,* en deux états reconnaissables aux fautes de l'inscription.

29e Cadre. —Nanteuil : Cinq portraits.— Masson, un portrait.

30e Cadre. — Morin : Trois portraits, avant la Lettre. — Nolin : Le *Portrait de Molière,* en deux états différents, par les mains qui débordent dans le premier état. — Cossin : Le *Portrait de Corneille,* vieux, et ressemblant peu au type conventionnel.

31e Cadre. — Edelinck : Cinq portraits, dont celui de *Croissy,* celui de *Sylvestre,* avant la rue de Paris, dans le cartouche au-dessous de la figure, et le *Louis XIV* : tous avant la Lettre.

32e Cadre. —Lochin, le Vieux : La *Foire de Guibray,* avant la Lettre et les inscriptions. — Jean Drevet : Deux estampes dans le style italien.

33e Cadre.—Pesne : Le *Portrait de Poussin,* avant la Lettre. — Fiquet : Six portraits, dont celui de *Mme de Maintenon,* première planche.

34e Cadre.—Claude Lorain : Six paysages à l'eau-forte, avant les numéros d'ordre. — Oudry : La même planche, à deux degrés d'avancement. — Lesueur : La *Sainte Famille,* avant l'Adresse, seule épreuve connue.

35° Cadre.—J. Callot : La *Foire de Florence,* avant les mots *in firenze ; Portrait de Deruet,* non décrit ; le *Jeu de Boules,* avant la Lettre ; et deux pièces inconnues à M. Maume, auteur de l'Œuvre de Callot.

36° Cadre. J. Callot. — *La grande tentation,* avec les deux fautes dans l'inscription : — Sébastien Leclère, sept eaux fortes avant la lettre dont l'*Académie,* dans un état non décrit.

37° Cadre. Drevet. — 3 portraits : *Edelinck*, *Philippe de Champaigne ; Masson.*

38° Cadre. Drevet. — 2 portraits : *Bossuet* avec les deux fautes : *Villars* avant la lettre et les trophées dans les angles.

39° Cadre. Edelinck, — La *Sainte Famille,* de François Ier, d'après Raphaël ; avant les armes.

40° Cadre. Flipart —L'*Accordée de Village,* d'après J.-B. Greuze ; avant la Lettre.

Les estampes exposées en deuxième et troisième ligne seront désignées dans un catalogue spécial.

Typ. Seringe Frères, place du Caire, 2.

TABLE DES SALLES

TABLE DES VITRINES

TABLE GÉNÉRALE

UNION CENTRALE DES BEAUX-ARTS

APPLIQUÉS A L'INDUSTRIE

Siége de la Société : Place Royale, n° 15

L'*Union centrale* a été fondée en 1864 par un Comité d'organisation qui administre, en toute gratuité, les œuvres diverses qui composent l'institution. Celle-ci comprend :

1° Un musée et une bibliothèque ouverte gratuitement aux travailleurs, tous les jours, de 10 heures du matin à 10 heures du soir, au siége de la Société;

2° Des Cours spéciaux, des lectures et des conférences publiques ayant rapport à l'art appliqué à l'industrie;

3° Des expositions périodiques réunissant à des concours ouverts entre les diverses écoles de dessin et de sculpture de Paris et des départements, des musées d'objets d'art empruntés aux collections particulières, et les produits industriels présentant les applications les plus intéressantes de l'art à l'industrie.

En résumé, le but de l'*Union centrale* est de chercher à élever, par tous les moyens possibles, le niveau des industries d'art en France et de contre-balancer, par les forces vives de l'initiative individuelle, l'influence des grands établissements fondés à grands frais dans le même but à l'étranger.

On acquiert le titre de fondateur en payant 100 francs par an, et celui d'adhérent en payant 36 francs.

Typ. Seringe frères, place du Caire, 2.

www.ingramcontent.com/pod-product-compliance
Lightning Source LLC
LaVergne TN
LVHW010036230826
846091LV00005B/1729